Desayuno en la granja

Ian Star

Traducción al español: Lissette Iluminada González

LECTURAS DEL BARRIO

Rosen Classroom Books & Materials™

New York

Es la hora de desayunar.

Los cerdos comen.

Las gallinas comen.

Los caballos comen.

Los patos comen.

Las vacas comen.

Las cabras comen.

Los pavos comen.

Los gatos comen.

Los perros comen.

Yo también desayuno.